Ser un líder

por Robin Nelson

Mi primer paso al mundo real

ediciones Lerner · Minneapolis

Yo puedo ser un **líder.**

Un buen líder es
responsable.

Un buen líder respeta
las reglas.

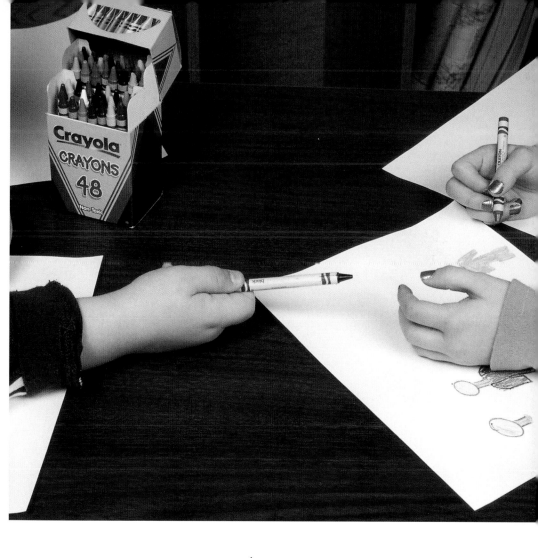

Un buen líder es **justo.**

Un buen líder **respeta**
a los demás.

Un buen líder se preocupa
por los demás.

Yo puedo ser un líder
en la escuela.

Puedo ser el líder de
mi clase.

Yo puedo ser un líder
en casa.

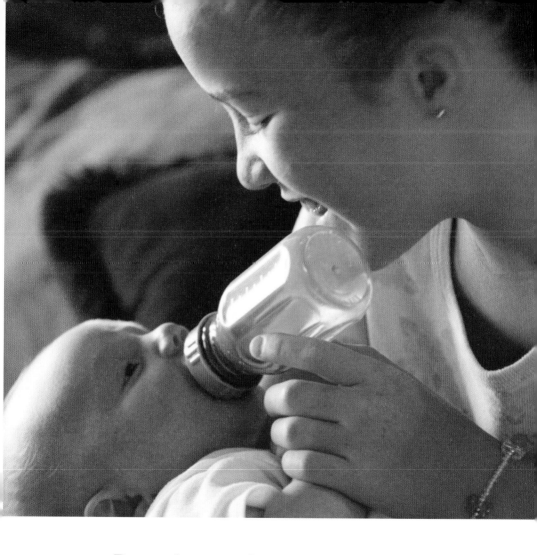

Puedo cuidar de mis
hermanos.

Yo puedo ser un líder
con mis amigos.

Puedo resolver problemas.

Yo puedo ser un líder
en mi **comunidad.**

Puedo ayudar a otros.

Yo puedo ser un buen líder.

Yo puedo ser un buen
ejemplo para los demás.

¿Cómo puedes ser un líder en casa?

- Enséñales cosas nuevas a tus hermanos.

- Ayuda a mamá y papá con las tareas de la casa.

- Ordena tu habitación sin que te lo pidan.

- Enseña a tu familia algún juego nuevo.

- Pide a tu familia que trabaje de forma voluntaria para ayudar a otros.

¿Cómo puedes ser un líder en la escuela?

- Léeles un libro a tus compañeros.

- Dirige el Juramento a la bandera.

- Ayuda a los alumnos más pequeños.

- Colabora con los compañeros nuevos.

- Enséñales a tus compañeros algún juego nuevo.

- Organiza la limpieza del salón o del patio.

Glosario

 comunidad: el área donde vive un grupo de personas

 justo: una persona que trata a todos por igual

 líder: una persona que guía a los demás

 respetar: tener consideración

 responsable: una persona que cumple sus obligaciones

Índice

amigos: 12

casa: 10, 18

comunidad: 14

escuela: 8, 20

problemas: 13

Las fotografías presentes en este libro son cortesía de: © Tom & Dee Ann McCarthy/CORBIS, portada; © Betty Crowell, págs. 2, 22 (tercera); © Tom McCarthy/TRANSPARENCIES, Inc., págs. 3, 22 (quinta); © Richard Hutchings/CORBIS, pág. 4; © Todd Strand/Independent Picture Service, págs. 5, 13, 15, 22 (segunda); © Jack McConnell, págs. 6, 22 (cuarta); © CORBIS Royalty-Free, pág. 7; © Bill Bachmann/TRANSPARENCIES, Inc., pág. 8; © Tom and Dee Ann McCarthy/ TRANSPARENCIES, Inc., pág. 9; © S. Grant/TRIP, págs. 10, 14, 22 (primera); © Rubberball Productions, pág.11; © Ed Kashi/CORBIS pág. 12; © J. E. Glenn/TRANSPARENCIES, Inc., pág. 16; © Michael Moore/TRANSPARENCIES, Inc., pág. 17.

Ilustraciones de las páginas 19 y 21 por Tim Seeley.

La edición en español fue realizada por un equipo de traductores nativos de español de translations.com, empresa mundial dedicada a la traducción.

ediciones Lerner
Una división de Lerner Publishing Group
241 First Avenue North
Minneapolis, MN 55401 EUA

Dirección de Internet: www.lernerbooks.com

Library of Congress Cataloging-in-Publication Data

Nelson, Robin, 1971–
    [Being a leader. Spanish]
    Ser un líder / por Robin Nelson.
       p.   cm. — (Mi primer paso al mundo real. Civismo)
    Includes index.
    ISBN-13: 978–0–8225–3184–5 (lib. bdg. : alk. paper)
    ISBN-10: 0–8225–3184–4 (lib. bdg. : alk. paper)
    1. Leadership—Juvenile literature. I. Title.
HM1261.N4518 2006
303.3'4—dc22   2005007091

Fabricado en los Estados Unidos de América
1 2 3 4 5 6 – DP – 11 10 09 08 07 06